Dieses Buch gehört:

_____

_____

Max, das Schlitzohr

Lustige Geschichten aus dem Tierwald

EDITION XXL

Inhalt

Joel Chandler Harris und „Onkel Remus"

Die Geschichten von Max, dem Schlitzohr, sind nach den Brer-Rabbit-Geschichten von Joel Chandler Harris (1848–1908) erzählt. Harris wurde in Georgia, im Süden der Vereinigten Staaten, geboren. Er war ein schüchterner Junge, der aber viel Phantasie besaß und gerne Geschichten schrieb. Nach seiner Schulzeit arbeitete er auf einer Plantage, dessen Besitzer eine eigene Zeitung herausgab. Dort durfte er einige seiner Gedichte und Geschichten veröffentlichen.

Harris freundete sich mit den Sklaven der Plantage an und hörte gerne die afrikanischen Volksmärchen, die sie erzählten – moralische Fabeln mit Tierfiguren. Da viele Sklaven nicht lesen oder schreiben konnten, begann Harris, ihre Geschichten aufzuschreiben, damit sie nicht in Vergessenheit gerieten. Er schuf einen fiktiven Erzähler – Onkel Remus –, der durch die Geschichten führte.

1879 wurden die Erzählungen über den listigen Hasen „Brer Rabbit" erstmals in einer Zeitung veröffentlicht und kurz darauf erschienen die Onkel-Remus-Geschichten in Buchform. Einige Jahre später nahm sich Walt Disney des Stoffes an und brachte unter dem Titel „Onkel Remus' Wunderland" die afrikanischen Volkserzählungen als Musicalfilm auf die Leinwand.

Die Abenteuer des schlitzohrigen Hasen, der seine Gegner immer wieder mit einer neuen List besiegt, gehören zu den Klassikern der Kinderliteratur.

Die Hauptfiguren

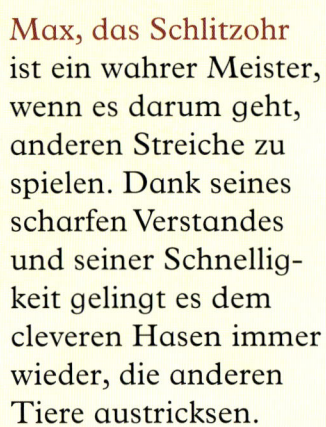

Max, das Schlitzohr ist ein wahrer Meister, wenn es darum geht, anderen Streiche zu spielen. Dank seines scharfen Verstandes und seiner Schnelligkeit gelingt es dem cleveren Hasen immer wieder, die anderen Tiere auszutricksen.

Siggi Schildkröte ist ein guter Freund von Max und hilft ihm oft aus der Patsche. Mit seiner Weisheit kann er sich gut gegen die anderen Tiere behaupten – und manchmal sogar Max hinters Licht führen.

Bruno Bär ist zwar der Stärkste unter den Tieren, kann aber Max und seinem Freund, Siggi Schildkröte, nicht das Wasser reichen.

Falco Fuchs ist der Erzfeind von Max. Obwohl er ständig von dem Hasen an der Nase herumgeführt wird, hält er sich für das schlauste Tier im ganzen Wald. Er schmiedet immer wieder neue Pläne, um sich an Max zu rächen.

Wotan Wolf ist ein weiterer Gegner von Max. Er denkt, er sei sehr gefährlich, doch der Hase schafft es, auch ihm immer wieder einen Streich zu spielen.

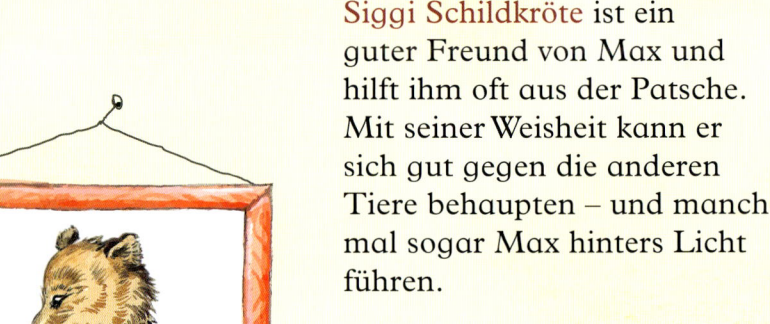
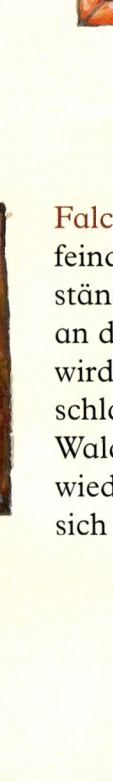

Balduin Bussard ist
ein gefährlicher Jäger,
der sich jedoch mit
den anderen Tieren
gut versteht.

Wasili Wasserschildkröte
ist zwar ein Freund von
Max, aber er spielt ihm
dennoch gerne mal einen
Streich.

Hektor Hund ist ein
treuer Freund von
Max und stets zur
Stelle, wenn der Hase
seine Hilfe braucht.

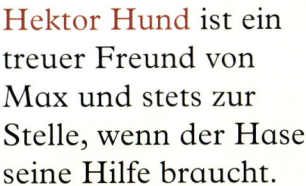

Leo Löwe ist das
Oberhaupt aller Tiere,
was Max aber nicht
davon abhält, auch
ihm Streiche zu spielen.

Frau Gans wird von Max
vor Falco Fuchs beschützt.
Dieser versucht nämlich
immer wieder, die Gans
zu fangen und zu fressen.

Der Fuchs ist tot

Der Hase Max war ein richtiges kleines Schlitzohr und spielte den anderen Tieren gerne Streiche. Besonders oft legte er Falco Fuchs und Wotan Wolf herein, denn sie versuchten immer wieder, ihn zu fangen. Aber Max war schlau genug, um ihnen jedes Mal zu entkommen. Dann lachte er sich ins Fäustchen und trieb weiterhin seinen Schabernack.

Eines Tages beschlossen Wotan Wolf und Falco Fuchs, dem ein für alle Mal ein Ende zu setzen. „Wir müssen diesen frechen Hasen endlich fangen", sagte der Wolf. Der Fuchs nickte:

„Es wird Zeit, dass wir ihm das Handwerk legen. Aber wie sollen wir das anstellen? Er entwischt uns ja doch wieder." Wotan Wolf lachte listig und sagte: „Ich habe einen Plan: Du läufst jetzt nach Hause, legst dich ins Bett und tust so, als wärst du tot. Ich gehe inzwischen zum Haus von Max und erzähle ihm, dass du gestorben bist. Wenn er kommt, um nach dir zu sehen, springst du auf und fängst ihn!" Falco Fuchs war sofort einverstanden. „Das wird ganz einfach sein", meinte er. Dann rannte er nach Hause, legte sich in sein Bett und wartete.

Falco Fuchs machte sich nun auf den Weg zum Haus von Max. Dort drückte er so gut er konnte ein paar Tränen heraus, schniefte in sein Taschentuch und rief: „Max, ich habe traurige Nachrichten! Der arme Fuchs ist heute morgen gestorben. Ich informiere nun alle Waldtiere."

Als Wotan Wolf gegangen war, dachte Max kurz nach. Dann sagte er zu sich:

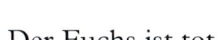

„Seltsam, gestern habe ich den Fuchs gesehen, da war er noch quicklebendig. Das klingt eher nach einem Trick." Und er beschloss, selbst zu Falco Fuchs zu gehen und nachzusehen, ob er wirklich tot war.

Als Max dort ankam, lief er zuerst vorsichtig um das Haus herum, um zu sehen, ob Fallen aufgestellt waren. Dann schaute er durchs Fenster und sah den Fuchs, der mit geschlossenen Augen auf dem Bett lag. Max ging durch die offene Haustür und sagte laut: „Armer Fuchs. Er muss wirklich tot sein, denn er liegt sehr still da. Ich werde wohl warten, bis seine Freunde kommen."

Doch dann sah er sich den Fuchs noch einmal genau an und sagte: „Man merkt, dass ein Fuchs tot ist, wenn er sein linkes Bein immer wieder schüttelt."

Als Falco Fuchs das hörte, dachte er bei sich: „Ich sollte wohl besser mein Bein schütteln. Denn dieses Mal darf nichts schiefgehen." Also begann er, sein linkes Bein immer wieder heftig

zu schütteln. Da wusste der clevere Max natürlich sofort, dass Falco Fuchs seinen Tod nur vorgespielt hatte.

Max flitzte hinaus und rannte so schnell er konnte. Er hörte nicht auf zu rennen, bis er zu Hause angekommen und in Sicherheit war.

„Mit solch einem dummen Trick erwischen sie mich nicht!", rief er erleichtert. Dann kochte er sich einen Tee, schnitt sich ein leckeres Stück Karottenkuchen ab und machte es sich in seinem Sessel gemütlich. Und während er aß und trank, sah er im Geiste den Fuchs vor sich, wie er immer wieder sein Bein schüttelte.

Dabei musste Max so sehr lachen, dass er sich fast verschluckt hätte!

Die verwandelte Schildkröte

Eines Tages ging Max, das Schlitzohr
im Wald spazieren, als er plötzlich
Falco Fuchs entdeckte. Er hatte einen großen Sack über seine Schulter
geworfen und schien in Eile zu sein.
Schnell versteckte sich Max hinter einem Busch. Als der Fuchs vorbeiging,
hörte Max Schreie, die aus dem Sack
kamen.

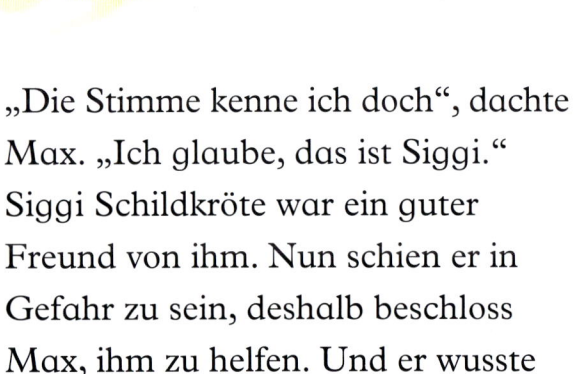

„Die Stimme kenne ich doch", dachte
Max. „Ich glaube, das ist Siggi."
Siggi Schildkröte war ein guter
Freund von ihm. Nun schien er in
Gefahr zu sein, deshalb beschloss
Max, ihm zu helfen. Und er wusste
auch schon wie ...

Max nahm eine Abkürzung durch
den Wald, sodass er vor dem Fuchs
bei dessen Haus ankam. Er rannte
in den Garten und riss mehrere

Blumen aus den Beeten. Dann versteckte er sich neben der Haustür. Bald darauf kam Falco Fuchs mit dem Sack über der Schulter an. Max rief ihm zu: „Schnell, Falco, nimm einen großen Stock und geh in deinen Garten! Dort reißt jemand deine schönen Blumen aus!" Als er das hörte, ließ der Fuchs den Sack vor der Türschwelle fallen, nahm einen Stock und rannte wutentbrannt in den Garten.

Während Falco Fuchs nach dem Übeltäter suchte, öffnete Max schnell den Sack – und heraus kam tatächlich sein Freund Siggi! „Danke, dass du mich gerettet hast!", rief er erleichtert. „Pst! Wir bereiten dem Fuchs jetzt eine Überraschung", flüsterte Max seinem Freund zu. „Los, fass mal mit an!" Dann packten sie einen der Bienenstöcke von Falco Fuchs und steckten ihn in den Sack. Dann banden sie den Sack wieder zu, legten ihn vor die Türschwelle und versteckten sich.

Als der Fuchs aus dem Garten zurückkam, war er
verärgert, weil er denjenigen, der seine Pflanzen
herausgerissen hatte, nicht finden konnte. Er
warf sich den Sack wieder über die Schulter,
ging ins Haus und schlug die Tür hinter
sich zu.

Max und Siggi Schildkröte saßen hinter
einem Busch und warteten, was nun
geschehen würde. Plötzlich hörten
sie ein Summen und dann lautes
Schreien. Im gleichen Moment

er nur konnte vor den Bienen weg.
„Wie konnte das nur passieren?"

ging die Tür auf und Falco Fuchs
stürmte heraus. Um ihn herum
summte und brummte es. Die Bienen
waren wütend und wollten ihn stechen.

„Ich dachte, ich hätte die Schildkröte
in meinem Sack gefangen!", jammerte Falco Fuchs und rannte so schnell

„Hahaha!", lachten Max und Siggi.
„Das wird ihn hoffentlich lehren,
Schildkröten in Ruhe zu lassen – sie
können sich nämlich in einen Bienen-
stock verwandeln!" Die beiden Freunde
liefen eilig davon, bevor Falco Fuchs
herausfand, dass sie es waren, die ihn
ausgetrickst hatten.

Die Kraftprobe

Eines Tages, als die Tiere friedlich zu-
sammensaßen, sprachen sie darüber,
was sie am besten konnten. „Ich kann
am schnellsten laufen", prahlte Max,
das Schlitzohr. „Ich bin der Klügste",
meinte Falco Fuchs. „Und ich bin
eindeutig der Stärkste", sagte Bruno
Bär. Er sah tatsächlich so aus, als sei
er am stärksten. Als Wasili Wasserschildkröte an der Reihe war, musste
er kurz nachdenken. Er war nicht groß
und stark und schon gar nicht schnell.
Allerdings war er ziemlich clever und
suchte nun nach einer Möglichkeit,
um anzugeben.

Schließlich sagte er: „Ich werde
euch allen beweisen, dass ich noch
stärker bin als Bruno Bär!" Der Bär
und der Fuchs lachten die Wasserschildkröte aus. „Du machst wohl
Witze!", rief Falco Fuchs.

Nur Max ahnte, dass Wasili etwas
im Schilde führte. Wie sonst könnte
er behaupten, stärker als der Bär zu
sein? „Schnappt euch ein dickes Seil
und lasst uns zum Fluss gehen", sagte
die Wasserschildkröte. „Dann werden
wir sehen, ob Bruno Bär mich herausziehen kann!" Falco Fuchs holte ein
Seil und dann machten sie sich gemeinsam auf den Weg.

Als sie den Fluss erreicht hatten, übergab Wasili Wasserschildkröte ein Ende des Seils an Bruno Bär. „Halt das Seilende gut fest", sagte er, „und geh in den Wald. Ich halte das andere Ende fest und rufe, wenn du ziehen sollst." Der Bär nahm das Seil und trottete mit den anderen Tieren in den Wald. Er war sich ganz sicher, dass er das Seilziehen gegen die kleine, schwache Schildkröte gewinnen würde.

15

Kaum waren sie außer Sichtweite, tauchte Wasili in den Fluss
ein. Unter Wasser band er das
Ende des Seils an eine Baumwurzel.
Dann setzte er sich auf einen Stein,
nahm das Seil in die Hand und rief:
„Jetzt kannst du ziehen!"

Bruno Bär zog an dem Seil und war
erstaunt, dass es sich nicht bewegte.
Also zog er noch fester – aber nichts

passierte. „Du musst fester ziehen!",
rief die Wasserschildkröte und rüttelte
am Seil. Da nahm der Bär das Seil in
beide Hände und zog mit aller Kraft,
aber es bewegte sich immer noch
nicht.

Da beschlossen die Tiere, alle gemeinsam zu ziehen, doch sie konnten
das Seil immer noch nicht bewegen.

Schließlich rief Wasili Wasserschildkröte: „Kommt zurück, ich habe es
satt zu warten!" Dann tauchte er
schnell wieder in den Fluss, löste das
Seil und wartete am Ufer.

„Du hast zwar dein Bestes gegeben",
sagte er zu Bruno Bär, „aber du
musst zugeben, dass ich schon ein
bisschen stärker bin als ihr alle!"

Max geht einkaufen

Max, das Schlitzohr hatte sehr viel Mais geerntet und beschloss, ihn zu verkaufen. Von dem Geld wollte er einige Dinge besorgen, um die Frau Hase schon lange gebeten hatte. „Wir brauchen Blechteller und Blechbecher für die Kinder", sagte sie, „und eine neue Teekanne." So machte sich Max am nächsten Tag auf den Weg zum Markt.

Falco Fuchs hatte gehört, dass Max auf den Markt gehen wollte. Als er das seinen Freunden Wotan Wolf und Bruno Bär erzählte, beschlossen sie, ihm aufzulauern. „Wir warten, bis er zurückkommt und dann bestrafen wir ihn für all die Streiche, die er uns gespielt hat", schlug der Fuchs vor. Sie versteckten sich hinter einigen Bäumen am Straßenrand und warteten.

Max hatte alles, was er brauchte, gekauft und ging nun frohen Mutes nach Hause. Da entdeckte er den Fuchs, den Bär und den Wolf und ahnte, dass sie ihn fangen wollten. Er band alle Blechteller und Blechbecher, die er gekauft hatte, auf eine Schnur und hängte sie sich um den Hals. Dann setzte er die Teekanne auf seinen Kopf und rannte mit großem Geschrei die Straße hinunter. „Hier kommt der Eisenmann!", schrie er und schlug die Tassen und Teller zusammen, dass es nur so schepperte. „Hütet euch vor meinen Eisenzähnen!"

Das jagte den dreien einen gehörigen Schrecken ein und sie liefen schnell davon, sodass Max in Ruhe seinen Heimweg fortsetzen konnte.

Max findet seinen Meister

Max, das Schlitzohr und Balduin Bussard hatten eines Tages beschlossen, gemeinsam einen Gemüsegarten anzulegen. „Wir können uns die Arbeit teilen und später dann auch das geerntete Gemüse", meinte Max. Während des Frühlings kam der Bussard jeden Tag und half Max bei der Gartenarbeit. Das Gemüse wuchs und gedieh prächtig. Balduin Bussard freute sich schon auf die köstliche Gemüsesuppe, die er daraus kochen wollte.

Als die Zeit der Ernte gekommen war und Balduin seinen Anteil holen wollte, erlebte er eine böse Überraschung: Der Gemüsegarten war leer! Max beteuerte, er wisse nicht, wo das

Gemüse geblieben sei. Doch Balduin Bussard war sich sicher, dass Max die Ernte versteckt hatte, um nicht teilen zu müssen. Er flog nach Hause und dachte gründlich nach.

Am nächsten Tag flog er wieder zu Max und sagte: „Stell dir vor, ich habe eine Goldmine auf der anderen Seite des Flusses entdeckt." Sofort spitzte Max die Ohren und Balduin fuhr fort: „Lass uns das Gold gemeinsam ausgraben und teilen. Da unsere Gemüseernte verloren ist, können wir es gut gebrauchen." Max war

begeistert, doch dann fiel ihm etwas
ein: „Aber wie soll ich über den Fluss
kommen? Ich kann weder schwimmen
noch fliegen." Balduin Bussard schlug
vor, er solle auf seinen Rücken klettern.
Dann könnten sie zusammen hinüber-
fliegen. Max war noch nie geflogen
und hatte große Angst. Aber auf
das Gold zu verzichten, kam
für ihn nicht in Frage. Also
kletterte er auf Balduins
Rücken und hielt sich an
seinen Federn fest.

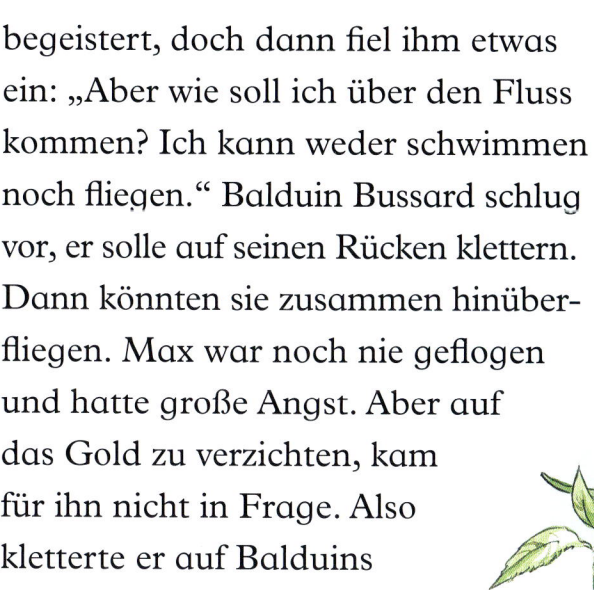

Der Bussard flog los, doch anstatt
das Wasser zu überqueren, landete
er auf einem sehr hohen Baum, der
auf einer kleinen Insel in der Mitte
des Flusses stand. „Warum fliegst
du nicht weiter?", fragte Max. „Mir
wird ganz schwindelig hier oben."
Aber Balduin Bussard lachte nur und
schüttelte sich so heftig, dass Max
fürchtete, ins Wasser zu fallen.

„Sag mir, wo du unser Gemüse versteckt hast, das wir angebaut haben", verlangte er. „Dann fliegen wir zurück und teilen es. Wenn nicht, lasse ich dich hier mitten im Wasser sitzen."

Max blieb nichts anderes übrig als zuzustimmen. „Es ist im Holzschuppen hinter meinem Haus", sagte er und schon erhob sich Balduin in die Lüfte und flog zurück. Max holte den Schlüssel und als er die Tür öffnete, lagen da die schönsten Karotten,

Zwiebeln und Salatköpfe. Balduin teilte das Gemüse gerecht auf, füllte seinen Teil in einen Korb und flog davon.

Max war froh, dass er wieder heil zu Hause angekommen war. Ihm zitterten immer noch die Knie, wenn er an den Flug dachte. Doch am schlimmsten war der Gedanke daran, dass er, das Schlitzohr, dieses Mal selbst hereingelegt worden war!

Der hungrige Löwe

Eines Tages kam ein neuer Bewohner in den Wald: ein großer Löwe. Das gefiel den meisten Tieren gar nicht, denn sie waren kleiner als er. Besonders als sie hörten, dass er einen Riesenhunger hatte, bekamen sie große Angst. „Er sagt, dass er drei ordentliche Mahlzeiten pro Tag braucht", erzählte Falco Fuchs und zitterte bis zur Schwanzspitze.

Die Tiere überlegten hin und her, wie sie den Löwen wieder loswerden konnten. Doch es fiel ihnen keine Lösung ein. Da sagte Max, das Schlitzohr: „Ich habe keine Angst vor dem Löwen. Überlasst das mir, ich kümmere mich darum." Dann ging er zum Teich, befeuchtete sein Fell und wälzte sich solange im Schlamm, bis er aussah wie ein völlig jämmerliches Wesen.

Dann ging er zur Höhle des Löwen und rief ihm zu: „Ich bin dein Essen für heute! Mehr gibt es leider nicht, denn der andere Löwe will alle Schafe und Kühe fressen." Der Löwe kam heraus und brüllte äußerst furchterregend: „Was sagst du da? Führe mich zu diesem anderen Löwen und ich werde es ihm zeigen!"

Max ging voran und zeigte dem Löwen den Weg zu einem Brunnen in der Nähe. Er wusste genau, dass dieser Brunnen sehr tief und mit Wasser gefüllt war. „Hier wohnt er!", rief Max und schaute in den Brunnen hinein. „Oje, er ist sehr wild und sehr wütend. Du solltest besser nicht in seine Nähe kommen!"

Der Löwe sprang wutentbrannt zum Brunnen. Als er hineinsah, blickte er einem sehr wilden und wütenden

Löwen direkt ins Gesicht. In Wirklichkeit sah er jedoch im Wasser nur die Spiegelung seines eigenen wütenden Gesichts und dachte, es sei ein anderer Löwe. „Mach dich bereit zum Kampf!", rief er seinem Spiegelbild zu. „Wir werden schon sehen, wer die Schafe und Kühe zu fressen bekommt!" Dann sprang er hinein – und ertrank.

Max jedoch lief zurück zum Teich und erzählte den anderen Tieren, was geschehen war. Sie dankten ihm und meinten, er sei doch ein richtiges Schlitzohr. Da zog Max den Hut, den er dem Löwen abgenommen hatte, und erklärte: „Ich weiß eben, wie man mit Löwen umgeht!"

Falco, das Pferd

Max, das Schlitzohr, besuchte ab
und zu Familie Opossum. Sie un-
terhielten sich dann eine Weile, aber
meistens dauerte es nicht lange und
das Opossumkind bettelte: „Bitte, Max,
erzähle uns von deinen Streichen!"
Max ließ sich auch nicht lange bitten,
denn er erzählte gerne davon – vor
allem, von den Streichen, die er Falco
Fuchs gespielt hatte.

Auch dieses Mal konnte er es nicht
lassen, sich über den Fuchs lustig zu

machen. „Mein Vater ist früher immer
auf Falco Fuchs geritten", prahlte
er. „Obwohl er sonst nicht gut zu
gebrauchen ist, war er als Pferd gar
nicht schlecht." Über diese Vorstel-
lung mussten die Opossums natürlich
sehr lachen. „Das können wir gar
nicht glauben", sagten sie dann. „Ich
werde euch beweisen, dass man auf
Falco Fuchs reiten kann!", versprach
Max und schmiedete einen Plan.

Er ging nach Hause und wartete, bis Falco Fuchs wie jeden Mittag seinen Spaziergang machte. Als er an seiner Tür vorbeiging, rief Max: „Hallo Falco! Kannst du mir bitte einen Gefallen tun? Ich bin bei den Opossums zu einem Fest eingeladen. Aber ich habe mir den Fuß verletzt und kann nicht laufen. Könnte ich vielleicht auf deinem Rücken dorthin reiten?"

Falco Fuchs wollte schon den Kopf schütteln und ablehnen. Doch dann dachte er, dies sei eine gute Gelegenheit, Max endlich zu fangen.

Also stimmte er zu und zog sich Sattel, Zaumzeug und Zügel an. Max schwang sich auf seinen Rücken und schon ging es los.

Sie waren schon eine Weile geritten, als Falco Fuchs fragte: „Warum zappelst du so?" Mit einem listigen Grinsen antwortete Max: „Ich kürze nur die Steigbügel ein wenig." Doch in Wirklichkeit hatte er sich ein Paar scharfe Sporen angezogen.

Kurz bevor sie das Haus der Opossums erreichten, wollte der Fuchs den Hasen zu Boden werfen. Da gab Max ihm die Sporen und er galoppierte bis vor die Tür

der Opposums. „Da staunt ihr, was?", rief Max, als sie herauskamen. Max band Falco Fuchs an den Torpfosten des Hauses. „Ich habe ja gesagt, dass

28

er ein gutes Pferd ist", lachte er. „Und er wird noch besser, wenn ich ihn erst ein wenig trainiert habe!"

Er unterhielt sich noch ein Weilchen mit den Opossums, dann band er den Fuchs wieder los und sprang auf seinen Rücken. Aber diesmal war Falco Fuchs vorbereitet. Als sie den Wald erreichten, rollte er sich immer wieder auf den Rücken, so lange, bis Max hinunterfiel. Seine Sporen nutzten ihm jetzt nichts mehr und er floh in den Wald.

Der Fuchs rannte hinter Max her,
um ihn endlich zu fangen. Aber Max
konnte sich gerade noch rechtzeitig
in einen hohlen Baum retten. Falco
Fuchs wollte ebenfalls hinein, aber
das Loch war zu klein für ihn.

Es blieb ihm
nichts anderes übrig,
als sich davor zu setzen
und zu warten. Irgendwann
würde Max aufgeben und
herauskommen, da war er
sich sicher. Und dann würde
er ihn endlich fangen! „Das wird
ein Festschmaus", murmelte er zufrieden vor sich hin.

Da kam Balduin Bussard vorbeige-
flogen. Er wunderte sich, dass Falco
Fuchs so reglos dasaß. „Hallo!", rief
er ihm zu. „Was machst du da?" Stolz
antwortete der Fuchs: „Ich habe endlich Max, das Schlitzohr, gefangen!
Kannst du auf ihn aufpassen, damit
ich meine Axt holen kann, um den
Baum zu fällen?"

Balduin Bussard stimmte zu und
setzte sich vor das Loch, um auf die
Rückkehr des Fuchses zu warten.

Max hatte sie reden hören und rief
nun: „Wenn der Bussard hier wäre,
könnte er ein fettes Eichhörnchen
fangen. Ich könnte es auf der anderen
Seite aus dem Baum jagen." Dann
kratzte er an der Innenseite des Bau-
mes, damit Balduin Bussard dachte,

er würde ein Eichhörnchen jagen.
Der Bussard flatterte auf die andere
Seite. Im gleichen Moment kam Max
aus dem Loch heraus und rannte so
schnell er nur konnte nach Hause.

Als Falco Fuchs mit seiner Axt zurückkam, sah er, dass Max entkommen
war. Er wurde schrecklich wütend
und schrie Balduin Bussard an:
„Ich werde dich rupfen und in den
Topf werfen!" Dann packte er seinen
Schwanz, aber die Federn lösten sich
und der Bussard konnte entwischen.

„Schon wieder wurde ich ausgetrickst",
stöhnte der Fuchs. Max saß inzwischen
zu Hause und lachte sie beide aus.

und nicht so stark wie der Bär oder der Fuchs. Nach einiger Zeit warf er deshalb seine Schaufel weg und rief: „Ich habe einen Dorn in meiner Pfote! Ich muss aufhören zu graben und ihn herausziehen!"

Er ging zu einem schattigen Ort unter den Bäumen, setzte sich ins Gras und tat so, als würde er einen Dorn aus seiner Pfote ziehen. Da entdeckte er in der Nähe einen Brunnen. Ihm war immer noch sehr heiß und er dachte, eine kleine Abküh-lung könne jetzt

Ein dicker Fisch

An einem sehr heißen Sommertag arbeiteten alle Tiere gemeinsam im Wald. Sie wollten einen Gemüsegar-ten anlegen und mussten dafür die Erde umgraben. Max, das Schlitzohr, fand die Arbeit sehr anstrengend und überlegte, wie er sich davor drücken könnte. Schließlich war er recht klein

nicht schaden. Als er beim Brunnen ankam, sah er einen Eimer, der an einer Schnur oben hing und einen, der unten war. „In dem Brunnen ist es sicher schön kühl", dachte Max. „Ich springe in den Eimer und mache darin ein Nickerchen."

Doch kaum war er in den Eimer gehüpft, fiel dieser in den Brunnen hinab. „Oje", jammerte Max, „wo werde ich nur landen?" Der Eimer fiel immer tiefer, bis er auf dem Wasser aufklatschte,

und Max fragte sich, wie er hier jemals wieder herauskommen sollte.

Falco Fuchs hatte Max beobachtet und dachte, er würde ihnen wieder einen Streich spielen. Deshalb war er ihm in den Wald gefolgt und hatte gesehen, wie er in den Eimer gesprungen und im Brunnen verschwunden war. „Wieso tut Max so etwas Seltsames?", überlegte Falco Fuchs. „Ich frage mich, ob er sein ganzes Geld da unten aufbewahrt." Er ging zum

Rand des Brunnens und schaute hinunter. Da unten saß Max in einem Eimer, der auf dem Wasser schwamm.

„Was machst du da unten?", rief er ihm zu. „Oh, ich fische nur", antwortete Max. Ich dachte, ein paar Fische wären für uns alle eine nette Überraschung zum Abendessen." Unten war es etwas duster und der Fuchs konnte nicht viel erkennen. Er fragte: „Gibt es viele Fische da unten?" Max antwortete: „Dutzende! Große und kleine Fische, die verschiedensten Sorten! Wenn du mir hilfst, dann haben wir bald genug für alle."

„Aber wie kann ich zu dir hinuntergelangen?", fragte der Fuchs. „Steig einfach in den anderen Eimer", sagte Max. „Er wird dich nach unten bringen." Falco Fuchs überlegte. Er liebte Fische und wollte auch angeln. Und Max schien es da unten ja gut zu gehen. Also beschloss er, es zu wagen.

Der Fuchs kletterte zuerst auf den Brunnenrand und dann in den Eimer. Obwohl er viel zu groß war, schaffte er es schließlich doch, sich hineinzuquetschen. Doch da Falco Fuchs auch viel schwerer war als der kleine Hase, sackte der Eimer sofort hinunter in die Tiefe. Der Eimer, in dem Max saß, war leichter und wurde gleichzeitig nach oben gezogen.

„Fang einen schönen Eimer voller Fische", rief Max ihm zu, als ihre Eimer aneinander vorbeisausten. „Es ist schön kühl da unten!" Oben angekommen, kletterte Max schnell aus dem Eimer und lief davon.

Es dauerte lange, bis jemand dem Fuchs aus dem Brunnen half. Inzwischen saß Max längst in seinem Sessel und amüsierte sich über die Dummheit von Falco Fuchs!

Der Wäschedieb

Eines Tages war Frau Gans gerade dabei, ihre Wäsche am Fluss zu waschen, als am anderen Ufer der Fuchs auftauchte. Als er sie sah, lief ihm das Wasser im Munde zusammen. „Diese schöne fette Gans wäre ein perfektes Abendessen. Ich werde mich heute Nacht, wenn sie schläft, in ihr Haus schleichen und sie fangen", murmelte er vor sich hin.

Falco Fuchs hatte aber nicht bemerkt, dass Max, das Schlitzohr, neben ihm im Gebüsch saß. Er hatte gehört, was der Fuchs vorhatte, und beschloss, Frau Gans zu warnen. Als der Fuchs außer Sichtweite war, überquerte Max den Fluss, indem er von Stein zu Stein hüpfte.

Dann erzählte er Frau Gans, was er gehört hatte. „Oje, oje!", jammerte sie bekümmert. „Was soll ich nur tun? Wenn der schreckliche Fuchs in mein Haus einbricht, werde ich ihm nicht entkommen können." Dann begann sie zu weinen und weinte so heftig, dass ihre ganze Wäsche nass wurde.

Aber Max, der immer bereit war, Falco Fuchs einen Streich zu spielen, hatte schon einen Plan. „Hör mir genau zu", sagte er zu Frau Gans. „Heute Abend vor dem Schlafengehen legst du ein Bündel Wäsche in dein Bett und deckst es zu. Dann fliegst du auf den Dachbalken und schläfst dort oben. Ich werde mit Hektor Hund sprechen. Er wird dir ganz sicher helfen."

Am Abend war Frau Gans sehr aufgeregt. Hoffentlich fing sie nicht vor Aufregung an zu schnattern! Dann würde der Fuchs sie finden und fressen!

Frau Gans machte alles so, wie Max es ihr gesagt hatte. Sie nahm ein großes Wäschebündel und legte es in ihr Bett. Dann flatterte sie auf den obersten Dachbalken und wartete nervös darauf, was passieren würde.

Kurz vor Mitternacht öffnete sich die Tür und Falco Fuchs schlich leise hinein. Der Raum war so dunkel, dass er tatsächlich dachte, das Wäschebündel sei Frau Gans. Voller Vorfreude auf einen leckeren Braten schnappte er sich das Bündel und lief hinaus.

Hinter dem Haus von Frau Gans hatte Hektor Hund bereits auf der Lauer gelegen. Als der Fuchs nun mit dem Bündel aus dem Haus lief, rannte er laut bellend auf ihn zu. Damit hatte Falco Fuchs wirklich nicht gerechnet!

Erschrocken ließ er das Bündel fallen und lief um sein Leben. Er schaffte es gerade noch, sich in seinen Fuchsbau zu retten, bevor der Hund ihn erwischen konnte.

Am nächsten Morgen sprach es sich schnell im Wald herum, dass Falco Fuchs versucht hatte, die Wäsche von Frau Gans zu stehlen! Und alle Tiere lachten darüber, dass der schlaue Fuchs etwas so Dummes getan hatte!

Das Wettrennen

Max, das Schlitzohr, war ein Meister darin, den anderen Tieren Streiche zu spielen. Doch manchmal gelang es einem von ihnen, den schlauen Hasen selbst zu überlisten.

Eines Tages ging Wasili Wasserschildkröte gemächlich die Straße entlang, als er Max traf. „Hallo, du lahme Ente!", rief Max ihm zu. Die Wasserschildkröte ärgerte sich. „Ich mag langsam an Land sein", antwortete sie, „aber ich bin ein guter Schwimmer." Max wusste, dass die Wasserschildkröte auch im Wasser nicht schneller war als auf dem Land und schlug ein Wettrennen vor: „Ich laufe an Land und du schwimmst im Fluss." Wasili Wasserschildkröte stimmte zu. Dann halfen alle Tiere mit, die Rennstrecke mit sechs weißen Pfosten zu markieren.

Am nächsten Morgen versteckte Wasili Wasserschildkröte seine Frau und jedes seiner vier Kinder an einem der fünf Streckenpfosten. Er selbst wartete am Siegerpfosten.

Zu Beginn des Rennens tauchte Frau Schildkröte mit den Worten „Auf die Plätze, fertig, los!" ins Wasser. Da für Max alle Wasserschildkröten gleich aussahen, dachte er, sie sei Wasili Wasserschildkröte. Er war sehr erstaunt, als er an jedem Pfosten, den er erreichte, die Wasserschildkröte schwimmen sah. Und als Max den

Siegerpfosten erreichte, war Wasili Wasserschildkröte bereits dort. „Da bist du ja endlich!", rief er und lachte. „Hast du dich unterwegs verlaufen?"

Max konnte es einfach nicht verstehen. Wie hatte die Wasserschildkröte, diese lahme Ente, es zuerst ins Ziel geschafft? Aber nach diesem Rennen lachte Max nicht mehr über Wasili Wasserschildkröte, wenn dieser wieder einmal langsam den Weg entlangkroch.

Schlitzohr, saß in einem Gebüsch und überlegte, was in dem Sack sein könnte. „Falco Fuchs sieht sehr zufrieden aus. Das bedeutet, dass etwas sehr Leckeres in dem Sack sein muss", dachte er. Da Max für diesen Abend noch kein Essen besorgt hatte, kam er auf die Idee, sich an dem Inhalt des Sackes zu bedienen. Und er wusste auch schon wie! „Ich werde den Fuchs schon dazu bringen, mir etwas davon abzugeben – wenn auch nicht ganz freiwillig", kicherte er vor sich hin.

Der gierige Fuchs

Eines Tages kam Falco Fuchs mit einem schweren Sack über der Schulter von der Jagd zurück. Er war hungrig und freute sich schon auf ein ausgiebiges Abendessen.

Der Fuchs ahnte nicht im Geringsten, dass er beobachtet wurde. Max, das

Max kannte eine Abkürzung, die etwas
später wieder auf den Weg führte, den
Falco Fuchs eingeschlagen hatte. Also
rannte er los, um vor dem Fuchs dort
anzukommen. Er zog seine Kleider
aus und versteckte sie hinter einem
Busch. Dann legte er sich auf den Weg
und tat so, als wäre er tot. Kurz darauf

kam Falco Fuchs vorbei. Als er den
Hasen sah, drehte er ihn mit seinem
Stock um. „Das ist ein feiner, fetter
Hase", meinte er, „und er scheint tot
zu sein. Schade, dass ich ihn nicht
mitnehmen kann. Aber mein Sack ist
schon so schwer genug." Und dann
ging er weiter.

wie er es anstellen konnte, beide Hasen mit nach Hause zu nehmen. „Ich glaube, ich lasse meinen Sack hier, hole von zu Hause einen weiteren Sack und schnappe mir auch den zweiten Hasen", sagte der Fuchs. „Es wäre ja dumm von mir, nicht beide mitzunehmen." Dann ging er los und dachte dabei an das Festmahl, das er sich aus den beiden Hasen bereiten würde.

Sobald Falco Fuchs außer Sichtweite war, sprang Max auf, schnappte seine Kleider und rannte erneut durch den Wald voraus. Er legte sich wieder mitten auf den Weg und stellte sich tot.

Als Falco Fuchs den Hasen sah, dachte er, es sei ein zweiter. „Nun, das ist eine Überraschung", murmelte er. „Noch ein toter Hase, der nur darauf wartet, mitgenommen zu werden." Er blieb stehen und dachte darüber nach,

Max rieb sich die Hände. „Das läuft ja alles nach Plan", freute er sich. Sobald Falco Fuchs fort war, sprang er auf und zog sich an. Er schnappte sich den Sack und trottete damit zufrieden nach Hause.

Bald darauf kam der Fuchs mit einem zweiten Sack zurück. Er konnte es kaum glauben, als er sah, dass nicht nur der Hase verschwunden war, sondern auch sein Sack. Doch dann ahnte er, wer der tote Hase gewesen war.

„Dieses verflixte Schlitzohr hat mich schon wieder ausgetrickst", knurrte Falco Fuchs ärgerlich. Aber noch schlimmer war, dass er nun ohne Abendessen nach Hause gehen musste.

Wie der Hase
seinen Schwanz verlor

Vor vielen Jahren hatte Max, das Schlitzohr, einen langen buschigen Schwanz, ähnlich wie ein Eichhörnchen. Er war sehr stolz darauf und bewegte ihn beim Laufen immer hin und her, damit ihn jeder bewundern konnte.

Eines Tages, an einem sonnigen Wintermorgen, traf er Falco Fuchs. Er saß auf einem Baumstamm und hielt einige Fische in der Hand. Max bekam sofort Appetit auf Fische und fragte: „Woher hast du die Fische?" Falco Fuchs antwortete: „Ich habe sie am Fluss gefangen. Dort gibt es noch viel mehr Fische."

Der Fuchs dachte bei sich, dies sei endlich eine Gelegenheit, um dem

schlitzohrigen Hasen einen Streich zu spielen. Deshalb sagte er zu Max: „Du musst nichts tun, außer deinen Schwanz abends ins Wasser zu hängen. Wenn du ihn morgens herausziehst, werden eine Menge Fische daran hängen."

„Wenn es weiter nichts ist", dachte Max und machte sich noch am gleichen Abend auf den Weg zum Fluss.

Er zog einen warmen Mantel und einen Schal an und nahm einen Korb mit Essen und einem heißen Getränk mit. Am Fluss setzte er sich auf einen großen Stein, ließ seinen Schwanz ins Wasser sinken und wartete. Es war dunkel und bitterkalt und nach ein paar Stunden wäre

Max am liebsten wieder nach Hause gegangen. „Denk an die vielen Fische, die du fangen wirst", sagte er zu sich und beschloss, durchzuhalten.

Als es am nächsten Morgen wieder hell wurde, war Max völlig durchgefroren. Als er versuchte, seinen Schwanz aus dem Wasser zu ziehen, stellte er fest, dass der Fluss zugefroren war. Er wollte aufstehen und da passierte es:

Sein Schwanz riss ab und blieb im Eis stecken! „Oje! Der Fuchs hat mich reingelegt", stöhnte Max und betrachtete entsetzt seinen Stummelschwanz. „Und einen Fisch habe ich auch nicht gefangen!"

Vielleicht ist das der Grund, weshalb alle Hasen kleine Stummelschwänzchen haben …

Der goldene Mond

Eines Abends, als die Tiere des Waldes in guter Stimmung waren, beschlossen sie, gemeinsam angeln zu gehen. Aber als sie den Teich erreichten, sah Max, das Schlitzohr, plötzlich sehr besorgt aus. „Seht mal!", rief er. „Der Mond ist ins Wasser gefallen. Wir müssen ihn herausholen. Vorher können wir hier keinen Fisch fangen." Dann lief Max schnell nach Hause, um ein starkes Netz zu holen.

Kaum war er weg, da sagte Falco Fuchs zu den anderen: „Mir scheint, dass der Mond aus Gold ist. Max wird ihn für sich behalten wollen. Das dürfen wir nicht zulassen."

Als Max zurückkam, nahm Falco Fuchs ihm das Netz ab. „Wotan Wolf und Bruno Bär werden mir helfen,

den Mond einzufangen", sagte er zu Max. „Du bist zu klein, um den schweren Mond herauszuziehen." Genau das hatte der clevere Hase geplant. Und während die großen Tiere ins Wasser wateten, schlichen sich Max und Siggi Schildkröte auf die andere Seite des Teiches, um dort zu angeln.

Falco Fuchs, Wotan Wolf und Bruno
Bär wateten immer tiefer ins Wasser
und versuchten, das Netz um den Mond
zu legen. Da es aber nur das Spiegelbild des Mondes war, versuchten sie es
natürlich vergebens. Sie versuchten es so
lange, bis der Bär stoplerte und den Fuchs
und den Wolf mit sich ins Wasser zog!

Als sie es endlich geschafft hatten, wieder zurück
zum Ufer zu gelangen, waren sie
pitschnass. Da sahen sie Max
und die Schildkröte mit einem
großen Korb voller Fische da-
voneilen. „Schon wieder ausgetrickst!", ärgerten sie sich
und machten sich nass
und ohne Fische auf
den Heimweg.

Das Waldmonster

Max, das Schlitzohr, ging eines Tages spazieren, als er sah, dass Bruno Bär sein Haus verließ. „Ich glaube, ich schaue mich einmal in seinem Haus um", dachte der Hase. „Vielleicht gibt es da etwas Leckeres zu essen."

Er lief zur Tür und da sie offen war, ging er hinein. „Nur Brot und Käse auf dem Tisch", schimpfte er. „Das mag ich nicht. Was er wohl in dem Schrank aufbewahrt? Vielleicht

Salat, Karotten oder vielleicht sogar einen Beutel Hafer?" Max kletterte auf einen Hocker und öffnete die Schranktür.

„Nichts als Tassen und Teller", murmelte Max und wollte gerade die Tür wieder schließen, als er im obersten Regal einen Topf entdeckte. Er streckte eine Pfote aus, um ihn zu erreichen.

Oje! Im gleichen Moment kippte der Topf und klebriger Honig lief heraus. Max war von Kopf bis Fuß mit Honig beschmiert! Er versuchte, den Honig abzulecken, doch er blieb an ihm kleben. „Du meine Güte!", rief er. „Ich mag zwar Honig, aber nicht auf mir! Wenn ich rausgehe, werden die Bienen denken, dass ich ihren Honig gestohlen habe, und mich stechen.

Wenn ich aber hier bleibe, wird mich Bruno Bär erwischen."

Schließlich beschloss er, in den Wald zu laufen. Dort wälzte er sich in den Blättern, um den Honig abzureiben. Das war jedoch keine gute Idee, denn die Blätter blieben am Honig kleben und ließen Max wie ein gruseliges Monster aussehen. Als er so durch den Wald lief, bemerkte er, dass die anderen Tiere Angst vor ihm hatten.

Da hatte er eine Idee: Er wollte seine alten Feinde Falco Fuchs, Bruno Bär und Wotan Wolf erschrecken. Er wedelte wild mit den Armen, sodass die Blätter ein eigenartiges Geräusch von sich gaben. Dann lief er zum Haus von Bruno Bär. Der Bär saß gerade auf der Gartenbank. Als er das seltsame Blättermonster sah, schrie er, rannte ins Haus und verriegelte die Tür hinter sich.

Max ging weiter, bis er Falco Fuchs und Wotan Wolf traf. Sie schmiedeten gerade einen Plan, wie sie Max am besten fangen konnten. Der Hase näherte sich ihnen vorsichtig, sprang dann auf einen Hügel und rannte mit wildem Gefuchtel auf sie zu.

„Grrrrrr! Ich bin das Waldmonster!", rief Max. „Ich fresse böse Wölfe und Füchse!" Wotan Wolf und Falco Fuchs rannten so schnell sie konnten davon und schrien: „Hilfe! Hilfe!"

Max aber lief zum Teich und wusch sich. Es dauerte zwar lange, bis der Honig abgewaschen war – aber für diesen Spaß hatte sich die Mühe gelohnt! Und jedes Mal, wenn er Falco Fuchs sah, rief er ihm zu: „Pass auf, dass dich das Waldmonster nicht erwischt!"

Hilfe!", hörte er eine Stimme rufen. Als er näher kam, sah er Wotan Wolf, der unter einem großen Felsbrocken gefangen war. „Bitte hilf mir!", flehte der Wolf. „Hebe den Felsbrocken an und befreie mich."

Da Max Mitleid mit dem Wolf hatte, versuchte er, den Felsbrocken anzuheben. Er war sehr schwer und Max stemmte sich mit all seiner Kraft dagegen. Endlich gab er nach! Aber kaum war Wotan Wolf frei, packte er Max an den Ohren. Anstatt seinem Retter zu danken, sagte er, es gäbe bei ihm Hasenbraten zu essen.

„Eine seltsame Art, danke zu sagen", schimpfte Max. „Ich werde dir nie wieder einen Gefallen tun, solange ich lebe!"

Das Gesetz des Waldes

Als Max, das Schlitzohr, eines Tages spazieren ging, dachte er wie immer darüber nach, welche Streiche er Falco Fuchs und Wotan Wolf spielen könnte. Doch dieses Mal wäre er fast selbst hereingelegt worden. „Hilfe!

Der Wolf antwortete erstaunt: „Nein, das wusste ich nicht." Max merkte, dass der Wolf ins Grübeln geraten war und sagte schnell: „Nun, wir sollten Siggi Schildkröte fragen. Er ist Experte auf diesem Gebiet und kennt alle Gesetze des Waldes. Denn wenn ich Recht habe, bekommst du großen Ärger." Also stimmte Wotan Wolf zu und sie gingen zum Haus der Schildkröte.

Siggi Schildkröte war zu Hause und öffnete die Tür. Sie fragten ihn nach seiner Meinung und er machte ein

Wotan Wolf lachte: „Das wirst du bestimmt nicht!" Max überlegte, wie er sich doch noch retten könnte. Dann sagte er: „Du weißt sicher, dass es gegen das Gesetz des Waldes verstößt, jemanden zu töten, der dich gerettet hat?"

kluges Gesicht. Da er ein Freund von Max war, wollte er ihm helfen. „Das ist ein sehr schwieriger Fall", sagte er schließlich, nachdem die Tiere erzählt hatten, was passiert war. „Wir müssen ganz sicher sein, dass das Gesetz des Waldes nicht gebrochen wurde. Aber bevor ich darüber entscheiden kann, muss ich sehen, wo alles passiert ist."

Also machten sich die drei Tiere auf den Weg zu dem Felsbrocken. Als sie dort ankamen, ging Siggi Schildkröte langsam um den Felsen herum und betrachtete ihn von allen Seiten. Dann stieß er ihn mit einem Stock an.

„Es gibt nur eine Möglichkeit", sagte er dann zu Wotan Wolf. „Ich muss selbst sehen, wie genau du eingeklemmt warst." Gemeinsam hoben Max und

Siggi Schildkröte den Felsen hoch. Der Wolf kroch unter den Felsbrocken und die beiden anderen rollten diesen auf ihn, sodass er wieder eingeklemmt war.

Dann sagte Siggi Schildkröte zu Max: „Es war nicht richtig von dir, dem Wolf zu helfen. Als du ihn unter diesem Felsbrocken gefunden hast, hat er seine eigenen Angelegenheiten verfolgt. Deshalb hättest du dich auch nur um deine eigenen Angelegenheiten kümmern sollen."

Nach diesen Worten gingen Siggi Schildkröte und Max, das Schlitzohr, ihres Weges und ließen Wotan Wolf unter dem Felsbrocken zurück.

„Falls dich jemand retten sollte", riefen sie ihm noch zu, „dann denk an das Gesetz des Waldes!"

Der falsche Dieb

Max, das Schlitzohr, liebte grüne Erbsen und Salate über alles. Eines Tages entdeckte er diese Leckereien im Garten von Falco Fuchs. Er kroch durch ein Loch im Zaun und ließ es sich schmecken.

Als der Fuchs sah, dass etwas von seinem Gemüse fehlte, ärgerte er sich sehr. „Jemand klaut meine grünen Erbsen und die Salate", stellte er fest. „Ich muss eine Falle aufstellen."

Also baute er eine listige Falle. Dazu bog er einen hohen Ast herunter, direkt neben dem Loch im Zaun. Dann band er ein Seil mit einer Schlinge an das Ende des Astes und befestigte es an einem Stock.

Als Max das nächste Mal durch den Zaun schlich, berührte er den Stock und das Seil fesselte seine Beine. Der Ast sprang zurück und hob ihn hoch in dic Luft. „Ojc!", schrie er, als er am Seil baumelte. „Ich bin gefangen!"

In diesem Moment kam Bruno Bär vorbei. „Was machst du denn da oben?", fragte er. „Falco Fuchs bezahlt mich, damit ich die Krähen von seinen grünen Erbsen und den Salaten verjage", antwortete der clevere Hase. „Ich habe im Moment viel zu tun, wenn du also den Job willst, kannst du meinen Platz einnehmen."

herunter und band sich selbst an einem stärkeren Teil des Zweiges fest. Als er den Ast losließ, schnellte er in die Höhe und der Bär baumelte in der Luft.

Sobald Bruno Bär am Baum hing, schnappte sich Max so viele grüne Erbsen und Salate, wie er tragen konnte und rannte nach Hause.

Bruno Bär dachte nach. Er konnte ein wenig Geld gut gebrauchen und willigte ein. Er half Max vom Baum

Kurz darauf kam Falco Fuchs aus dem Haus. Als der den Bären am Baum hängen sah, rief er: „Aha!

Du bist also der Dieb, der meine grünen Erbsen und Salate gestohlen hat! Hab ich dich erwischt, Bruno Bär!"

Der Bär verstand nicht, warum der Fuchs auf ihn wütend war, und fragte: „Bekomme ich nun meinen Lohn?" Da rief Falco Fuchs: „Hier kommt dein Lohn!" Er nahm einen großen Stock, lief zu Bruno Bär und gab ihm einige Hiebe auf seinen Hosenboden. Der arme Bär musste nun für das Verhalten von Max büßen.

„Es sind nicht immer die größten Tiere, die das größte Gehirn haben", lachte Max, das Schlitzohr, als er zu Hause angekommen war. Dann bereitete er sich eine köstliche Mahlzeit aus vielen grünen Erbsen und einem saftigen, frischen Salat zu.

Erstveröffentlichung unter dem Titel
„Favourite Brer Rabbit Stories"
© Award Publications Limited 2018

Genehmigte Lizenzausgabe
EDITION XXL GmbH
Industriestraße 19
64407 Fränkisch-Crumbach 2020
www.edition-xxl.de

Illustrationen: Rene Cloke
Layout, Satz und Umschlaggestaltung:
design cat GmbH

ISBN 978-3-89736-475-2